LA
COUR-PLÉNIÈRE
DES
ILES DE PARLAS.

DE L'IMPRIMERIE DE POULET,
QUAI DES AUGUSTINS, N°. 9.

LA COUR-PLÉNIÈRE

DES

ILES DE PARLAS,

OU

M. DCCC. XIXe. CHAPITRE

DE LA VIE

DE PANTAGRUEL;

MORCEAU D'HISTOIRE RECUEILLI PAR UN THÉLÉMITE.

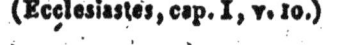

« *Nihil sub sole novum, nec valet quisquam*
» *dicere : Ecce hoc recens est : jam enim*
» *præcessit in sæculis quæ fuerunt ante nos.* »

(Ecclesiastes, cap. I, v. 10.)

A PARIS,

CHEZ LES MARCHANDS DE NOUVEAUTÉS.

1819.

LA COUR-PLÉNIÈRE DES ILES DE PARLAS.

Rien de nouveau sous le soleil.

Lorsque Pantagruel eut conquis les îles de *Parlas* (1), après ses courses dans la mer Atlantique, il fut bien étonné de rencontrer, chez des sauvages, une espèce de gouvernement, des espèces de lois; beaucoup de gens qui en faisaient, très-peu qui fussent disposés à les suivre, et, comme qui dirait, un parlement qui parlait sans cesse, et dont le nom *Baracarada* ne saurait être bien rendu dans notre langue que par celui de *Cour-Plénière*.

Epistémon, Panurge, Eusthènes et Carpalim ne furent pas moins surpris que le

---
(1) Pantagruel, liv. II, chap. 34.

noble fils de Gargantua, de trouver autant de civilisation dans l'archipel de *Parlas* qu'ils en avaient laissé dans la ville de Lutèce; et Panurge allait commencer un beau discours pour démontrer ce qu'il ne pouvait comprendre, lorsque le Prince vit arriver une députation de la part du président de la Cour. On invitait le Prince à honorer de sa présence une séance qui allait s'ouvrir, et l'invitation était d'autant plus flatteuse, que, par les constitutions de l'archipel, toutes les séances de la Cour-Plénière étaient secrètes, et n'étaient seulement divulguées qu'au public et aux étrangers. Pantagruel admira de si sages précautions, et il s'empressa de suivre, avec ses illustres compagnons de gloire et de voyage, la députation qui était composée de noble *Persuadé*, vice-président; de *Perce-Feuille*, secrétaire, toujours poudré à blanc, toujours coiffé à l'oiseau royal; et des messagers *Perce-Neige*, *Perce-Oreille* et *Perce-Pierre*, précédés de leurs huissiers *Perron*, *Péristyle* et *Pertuisanne*.

Le président *Perçoir* qui, comme *Homère*, *Eschyle*, *Ennius* et *Caton*, n'a jamais écrit ni parlé qu'après boire, se fit conduire à la rencontre du Prince, et l'accueillit avec une très-gracieuse harangue. Il regrettait que son altesse, sa seigneurie, sa hautesse ne fût pas venue conquérir le pays quelque temps plutôt; on l'aurait fait jouir d'un spectacle fort rare et fort récréatif, et on lui aurait montré que la Cour savait non-seulement parler, mais juger, et au besoin condamner, sans être même organisée en tribunal, ce qui était la plus jolie chose du monde. *Pervers* avait déployé le plus grand zèle et la plus grande énergie pour compléter le travail entrepris par *Pérégrinité*; ce dernier avait, enfin, été forcé de recevoir, pour récompense, cinq cent mille portraits de son souverain.

Cependant quelque chose pouvait adoucir les regrets du président et de sa Cour. Le Prince arrivait à propos pour être témoin d'une scène que le vice-président *Persuadé* avait promis de faire, à la sourdine, pour plaire à ses nobles collègues, *Permesse*, *Pernicieux*, *Perruque*, *Persécutant*, *Persécuteur*, *Persifflage*, *Père-de-la-Foi*, *Perclus*, *Perfide*, *Perfidie*, et à leur éloquent chef-de-file *Permission*. Ce dernier avait aplani les voies au timide

Persuadé, dans des écrits non vendus, mais donnés au peuple de *Parlas*. Le moment, au reste, était bien choisi. *Carême-Prenant* se disposait à combattre *Mardi-Gras*; celui-ci allait jouer de son reste; et dans ce temps de folie on donne la palme aux plus grandes extravagances.

Le ministre *Perquisition*, très-éveillé, instruit à temps de la petite conspiration, n'avait pas hésité un moment à profiter d'une faculté très-importante que lui donnaient les lois de l'archipel, et il avait senti que c'est pendant le combat qu'il fallait renforcer le corps de bataille. Il venait donc d'introduire dans la Cour-Plenière un corps de réserve composé de quelques recrues et d'un plus grand nombre de vétérans accoutumés à ces sortes de batailles.

On voyait reparaître les braves *Percussion*, qui avait vaincu au nord; *Perfectibilité*, qui avait vaincu au midi; *Persévérance*, couvert de gloire en Egypte; *Périr*, ainsi nommé parce qu'assailli dans une redoute, il avait fait jurer à ses braves de mourir plutôt que de se rendre; *Persister*, qui avait préféré la disgrâce à la honte de faire ce que sa conscience lui défendait; *Per-*

che, aussi recommandable par son courage que remarquable par sa taille élevée; les sages et modestes *Pertinent*, *Péricarde*, enveloppe d'un bon cœur; l'éloquent *Péroraison*, et plus de trente de leurs anciens collègues. Pour renforcer cette réserve, déjà respectable, le ministre y joignait le courageux *Péricrâne*, couvert de blessures honorables; le savant *Périmètre*, le chimiste *Permutation*, le poëte *Périodique*, l'ambassadeur *Périoste*, qui apportait des reliques d'un saint-lieu où il s'était cassé le nez, en voulant secourir le pauvre *Permutant*; le modeste *Péridot*; les financiers *Percepteur* et *Perception*; les fortunés *Périphrase* et *Période* qui avaient servi le ministère dans le travail pénible des élections populaires; l'infatigable *Péripneumonie*, et une foule d'autres nobles tous dévoués, s'il faut les en croire, aux intérêts de *Perquisition*, qui, alors, paraissaient être les intérêts de tout l'archipel.

Persuadé qui, jamais, n'avait montré d'intrépidité dans sa vie, fut déconcerté en voyant que son projet était connu. Il trembla; il n'osait, malgré sa résignation, aborder la tribune aux harangues; mais ses maîtres ne l'avaient pas embarqué pour qu'il restât au milieu de la rivière : il fallut qu'il se jetât sur l'autre rive, et *Persécutant*, *Permission*, *Perturbateur* et leur clique, riant de l'embarras du bonhomme, le contraignirent de tenir ses funestes engagemens.

Le vieillard balbutia sa proposition. C'était un charbon ardent que sa main débile jetait sur des barils de poudre. L'explosion fut soudaine et terrible; elle combla de joie les conjurés, qui croyaient leur gloire et leur bonheur attachés au bouleversement de tout l'archipel de *Parlas*.

Perverti, ancien serviteur zélé d'un insulaire étranger qui, par distraction, avait régné sur *Parlas* pendant quelques lustres, et qui avait reçu son nom de l'usage où il était d'avoir pour nappe la peau d'un lion, appuya hautement la proposition de *Persuadé*, et tâcha de prouver que la loi la plus chère à tous les habitans leur était odieuse, que les dispositions qui avaient brisé leurs fers, menaçaient leur liberté, et que ce qui excitait leur reconnaissance ne méritait que leur ressentiment. *Perdu*, qui avait étudié la vie des anciens législateurs, se joignit doucereusement à *Perverti*, et se fit aussi l'acolyte de *Persuadé*; *Perpétuel*, grand-maître de la jeunesse, toujours ami du despotisme, saisit cette occasion d'encenser son idole.

Perquisition parla vivement contre la motion imprudente; *Personnalité*, son collègue, se joignit à lui, ainsi que *Persuasif*, leur président, illustre dans les armes et sage dans les conseils.

Parmi les membres de la Cour, on entendit l'estimable *Perfection*, relevant encore l'éclat de sa naissance par la noblesse de ses principes; le bon *Perfectible*, qui prie Dieu dans sa langue naturelle; l'incorruptible *Persuasion*, toujours sur la brèche, malgré son grand âge, quand il s'agit d'attaquer les abus et les préjugés; leur éloquence aurait été inutile, sans la précaution du ministre. Les ennemis du peuple et des lois, les amis hypocrites du trône, les esclaves des sots préjugés, et les défenseurs-nés des priviléges, outrage insupportable aux hommes de cœur et de bon sens, ne se laissent convaincre ni par les sentimens, ni par la raison. Il n'y a que le nombre qui puisse triompher d'eux; et le nombre, dans cette circonstance mémorable, étouffa leurs vociférations, et réduisit les passions au silence.

Pantagruel, témoin de cette bataille, faisait de profondes réflexions ; il se promettait bien que si jamais il montait sur le trône de *Gargantua* son père, et de son aïeul *Grand-Gousier*, et s'il ceignait leur immense diadême, il n'oublierait pas que c'est aux intérêts sagement combinés, et non pas aux préjugés, qu'il faut confier la défense des vrais principes.

La simplicité avec laquelle ce prince, tout conquérant qu'il était, assistait, comme un désœuvré, à la séance des pères-conscrits de Parlas, aurait de quoi surprendre un lecteur qui ignorerait que Pantagruel, après sa conquête de l'île Farouche, sa victoire sur les Andouilles, et sa paix avec leur reine *Niphleseth* (1), avait juré de ne faire aucun changement dans les pays qu'il soumettrait à sa valeur, qu'il n'en exigerait aucun tribut, qu'il ne les parcourerait même ensuite que comme simple voyageur. Il se souvenait ici, plus que jamais, du *Chaulderon de magnanimité*, qu'il avait lu avec tant de

_____

(1) Pantagruel, liv. IV.

plaisir dans la fameuse bibliothèque de Saint-Victor (1), et il admirait le grand *Alexander*, qui n'avait conquis des royaumes que pour distribuer des couronnes, et qui ne s'était emparé de Babylonne que pour y boire à la glace, et pour y faire bonne chère.

Père-Gardien, qui s'était mis à ses côtés, lui faisait connaître le nom de ceux qui parlaient à toutes les oreilles, et de ceux, plus fins, qui ne parlaient qu'à une seule. Il ra contait les hauts-faits des uns, les bassesse des autres; le dévoûment de celui-ci, la tra hison de celui-là. Il montrait le sage *Perlé* le vieux *Périssable*, le jeune *Per-Obitum* le tardif *Permanent*, le modéré *Péripatéti cien*, qui avait médité sur la ruine des em pires; le discoureur *Pérégrination*, iss d'un étranger; le systématique *Personnel* le riche *Pérou*; *Perclus*, toujours centr d'intrigues, et toujours *chef d'emploi*, mai abandonnant, depuis quelque temps, l théâtre à ses *doublures*. Familiarisé, à l fois, avec les finesses du sacerdoce, la sou plesse des Cours et les tracasseries du mé

---

(1) Pantagruel, liv. II, chap. 7.

nage, ce Protée, plein de grâces, se joue des liens dont on voudrait le retenir ; et de quelque hauteur qu'on le précipite, il retombe toujours sur un bon pied. Accoutumé à faire valoir ses capitaux, il prête l'autorité de son nom aux bons mots que les autres gens d'esprit mettent en circulation. On s'inquiétait, devant lui, de l'exiguité de la salle où se réunissent les *Pères*, dont le nombre venait d'être si fort augmenté :
« Rassurez-vous, lui fait-on dire, les *Pères*
» se sont faits si petits, qu'ils ne tiennent
» presque pas de place. »

Père-Gardien donnait même la carte des absens ; de *Persicot*, qui, *buvant sans compas* (1), était souvent hors d'état d'assister aux séances ; de *Perpendiculaire*, envoyé par-delà les monts ; de *Perfidie*, résident par-delà les mers ; de *Personnage*, couché, tout de son long, dans sa principauté, et touchant, quoique petit, ses frontières avec sa tête, ses mains et ses pieds. *Père-Gardien*, devenu très-modeste, ne parlait presque pas de lui-même. Il expliquait au prince comment les *Expères* avaient été

---

(1) Gargantua, liv. I, chap. 2.

quelque temps *Impères*. Il disait : D'où la brouille, et d'où le raccommodement ?

Il gémissait, de bonne foi, de ce que ce raccommodement n'avait pas été général, et de ce qu'on tenait encore éloignés *Perductus*, *Percenses*, *Perinœum*, *Peregrinus*, *Péril*, qui fut enfermé dans des souterrains; *Periegetes-Persécuté*, ami toujours sûr, historien toujours élégant ; le courageux *Percello*, qui, des premiers, fit respecter les armes de *Parlas*; le modeste et savant *Périgraphe*, dont le nom sera toujours cher aux amis des sciences et de la philosophie ; le noble *Périphanès*, qui a ses parens parmi les Pères-conscrits, et qui compte une légion d'amis parmi les braves de la capitale ; et enfin le généreux *Perisseuma*, dont les largesses s'épanchent dans le sein des pauvres, et dont les bienfaits couvrent le sol de sa terre natale.

C'était ainsi que *Père-Gardien* avait su distraire *Pantagruel*, pendant les discours somnifères de quelques partisans des troubles, et les criailleries de tous les autres de la même clique.

Bientôt *Perverti*, qui avait imaginé une

motion populaire pour faire le passage aux *Pilules d'Arquin* (1), que devait faire avaler *Persuadé*, s'empara du théâtre, et pérora pour protester de sa tendresse en faveur de ce pauvre peuple qu'il avait si fort maltraité un moment auparavant. *Perquisition*, voulant apparemment que les bienfaits arrivassent aux îles de *Parlas* par une voie moins suspecte, repoussa la proposition de *Perverti*, et celui-ci courut s'enfermer dans son vieux castel d'or, entouré du sang des infidèles.

Pantagruel se croyait à la fin du spectacle, mais il vit sortir le blanc et dévot *Pervenche*, qui, au nom d'une commission, venait entretenir la Cour de pétitions adressées par des familles de *Perdant*, de *Perdrix*, de *Peronnelles*, de *Permis*, de *Perruches*, de *Perplèxes* et de *Perpétuans*.

Le noble *Perforant* réclamait une grosse récompense pour avoir bénignement livré aux ennemis de *Parlas* toute la marine de l'archipel. (Renvoyé à se pourvoir devant ou derrière le chancelier de l'*île Sonnante*,

---

(1) Pantagruel, liv. II, chap. 33.

dont les habitans, si rudes créanciers (1), doivent être au moins honnêtes débiteurs).

Plaintes de l'archer *Perforé*, qui dénonce les criminelles entreprises de noble *Perforant* contre sa pudeur. (Renvoyé devant *Perrin-Dandin*, qui, suivant la coutume de *Bridoye* son père, interrogera ses dés) (2).

Pétition de la *Légion-Décumane*, qui voudrait que les *Liffrelofres* allassent, chez eux, se mêler de leur affaires, et laissassent aux habitans de *Parlas* leurs draps, leurs vin, leurs filles et leur argent. (Renvoyé aux Kalendes-Grecques). (3).

Gémissemens d'une pauvre veuve, dont le *chevecier Perpétuons* ne voulait point enterrer le mari. (Renvoyé à Apollonius de Tyanes, pour qu'il garantisse tout l'archipel de la peste, comme il en a garanti la ville d'Ephèse : et en attendant, défense à tous habitans de mourir avant d'être bien munis d'une *promesse d'enterre-*

---

(1) *Gargantua*, liv. Ier., chap. 15, note (7), édition de 1711.
(2) *Pantagruel*, liv. III, chap. 37 et suivans.
(3) *Idem*, liv. II, chap. 2.

ment, afin de prévenir la levée en masse des cadavres.)

Les élèves studieux de *Gerson* et de *Caïétan* (1) demandent la *liberté de la presse*. (Renvoyés aux ports de l'*île Sonnante* pour être bientôt dégoûtés de cette liberté. Il n'y a que manière de s'entendre. *Pervenche*, trompé par *Perpétuel* et par *Permission*, croit que ces littérateurs sollicitent le privilége d'être enlevés et embarqués, *matelots*, comme la jeunesse d'*Albion !*)

Comme les prières ne coûtent rien, les habitans de *Parlas* expriment le vœu d'être jugés par leurs *pairs*. (Renvoyé, pour avoir leur avis sur cette étrange prétention, aux maschefains-practiciens et au prévost de Montlhéry) (2).

Ces mêmes habitans, insatiables, demandent que, rangés en milice bourgeoise, ils puissent choisir leurs officiers. (Ajourné

---

(1) Pantagruel, liv. II, chap. 7.
(2) Gargantua, liv. Ier., chap. 54; Pantagruel, liv. III, chap. 41.

jusqu'à ce que cette bruyante population soit *Dégueljée* et *Dégibélinée*) (1).

Enfin, ils veulent se choisir leurs échevins, sans être effrayés du proverbe qui dit que, *qui choisit prend le pire*. (Communiqué aux *jans-pill'hommes* (2) qui sont en possession des emplois, pour savoir s'ils veulent y renoncer, eux et leurs fidèles domestiques.)

Des gens qui se disaient bien informés, dénonçaient des rassemblemens armés, avec des signes proscrits par les lois de l'état, et des intentions qui ne pouvaient être que criminelles. (Considérant que *Perquisition* assure que ce n'est pas la peine d'en parler, et qu'il est au moins aussi intéressé que qui que ce soit, à ne se point laisser surprendre, renverser, etc.; considérant que si quatre-vingt mille *Perruques*, tant vieilles que neuves, peuvent jeter, en s'agittant, de la poudre aux yeux, elles seraient folles de vouloir se mesurer avec vingt-cinq millions

---

(1) Gargantua, liv. Ier., chap. 17.
(2) Pantagruel, prologue du IVe. liv., note 89.

de *bonnets-à-coquarde* (1), et qu'au moindre choc il ne leur resterait pas un seul cheveu pour retenir le *crapaud*; considérant que des *vêpres siciliennes* ne peuvent menacer l'immense majorité d'un peuple, soumis aux lois et qui n'en réclame que l'exécution ; que si des prophètes de malheurs attribuent, pour l'avenir, une influence funeste à un certain *Saint-Barthelemy*, que l'on fête au temps de la moisson, ces pronostics ne peuvent regarde les îles de *Parlas*, et qu'un peuple fortifié par les lumières, par de longs combats et par de grandes infortunes, ne se décidera jamais à se déchirer pour amuser ses plus cruels ennemis; considérant enfin, que l'esprit, le courage et la gaîté ne sauraient redevenir les *serfs* de l'orgueil toujours morose, lâche et stupide, la Cour s'en remet à la valeur nationale et à la protection de la Providence.)

Ayant mis ainsi bon ordre à toutes les affaires de l'empire, l'assemblée fut congédiée par son président qui avait grande

---

(1) Pantagruel, liv. **IV**, chap. 30.

soif. *Père-Gardien* pressa *Pantagruel* de venir se reposer dans ses appartemens ; mais *Panurge*, tirant le Prince par son manteau, lui fit observer qu'il n'était pas sûr d'aller s'asseoir là où un tour de clef pouvait apporter un très-grand changement, et pour parler le langage de cet archipel, amener une touchante peripétie, à l'égard de l'heureuse liberté dont il jouissait. Cette sage réflexion détermina *Pantagruel* à remercier *Père-Gardien*, et à presser son embarquement. Le pilote *Périlleux*, lamaneur habile, lui fut donné pour diriger ses vaisseaux hors du port et de la rade, et le Prince s'éloigna d'une île où les orages lui semblaient plus difficiles à conjurer qu'en pleine mer. Pressé de se rendre en Utopie, patrie de la princesse *Badebec*, sa mère infortunée (1), il pria *Périlleux* de ne point naviguer vers *l'île Sonnante*, où il craignait de rencontrer un nouveau *Perce-Forêt*, n'étant point d'usage, alors, que les héros de romans eussent de l'estime et de l'amitié les uns pour les autres.

---

(1) Pantagruel, liv. II, chap. 2.

Les vents étaient favorables, l'équipage était plein de joie ; mais *Pantagruel*, plongé dans de graves réflexions, gémissait sur le sort des États où tant de gens osent se placer au-dessus des lois, où tant d'aveugles veulent saisir la barre du gouvernail, où tant de brouillons se mêlent des affaires publiques, où tant de loups prennent l'habit de bergers, où tant de ressentimens se cachent sous le langage de l'amour, et où la fureur, sous le domino de la vanité, cherche à égarer et à poignarder l'espérance.

Cependant il augurait favorablement du courage et de l'activité de *Persuasif* et de *Perquisition* qui allait abandonner ce dernier titre pour adopter celui de *Perspective*, et il souhaitait que, si jamais ses ministres se trouvaient, un jour, dans un semblable embarras, ils fussent assez bien avisés pour s'en tirer avec la même prudence et avec le même bonheur.

C'est pour leur procurer cet avantage, et pour l'instruction des ministres à venir, que ce bon prince m'a prescrit d'écrire ces *commentaires*, pour être joints, en langage moderne, à ce qui fut publié, dans les temps, par *l'abstracteur de quinte essence*, ce joyeux *Rabelais* qui, en mourant, léguait aux buveurs illustres et aux moines de Thélème, cet excellent conseil, que, *qui est au nid de la pie, s'y tienne*: « ET IN TERRA, PAX HOMINIBUS BONÆ VO- » LUNTATIS! »

FIN.

www.ingramcontent.com/pod-product-compliance
Lightning Source LLC
Chambersburg PA
CBHW070540050426
42451CB00013B/3100